Wonda Wakanda Profi – Magische Bänder

In allen Kulturen werden Bändern und Knoten geheimnisvolle, ja magische Bedeutungen zugesprochen. Bestimmt hast du schon einmal ein Freundschaftsband geschenkt bekommen oder gar eines selbst geknüpft. Wusstest du, dass die Tradition der Freundschaftsbänder von den Indianern gepflegt wurde? Ihrem Glauben nach wünscht sich derjenige, der ein Freundschaftsband umgebunden bekommt, etwas und der Wunsch geht dann in Erfüllung, wenn das Band von selbst wieder vom Arm abfällt. Die Inkas aus Südamerika hatten nicht nur Bänder mit Knoten, sondern eine ganze Schrift aus Knoten, Quipu genannt. Davon hatte ich auch schon einmal gehört und so war ich nicht erstaunt, als ein guter Freund von einer Südamerika-Reise die Wonda Wakandas mitbrachte, geknüpfte Bänder mit bunten Perlen, die, wenn man sie zu lesen versteht, (meistens) gute Wünsche bedeuten. Voller Begeisterung habe ich mich ans Entziffern und Nacharbeiten gemacht. Und ich dachte, das könnte dich auch interessieren. Aber du weißt schon, psst, streng geheim!

Viele Grüße

Inge Walz

Die Motive lassen sich in folgende Schwierigkeitsgrade unterteilen:

● ○ ○ einfach ● ● ○ etwas schwieriger ● ● ● anspruchsvoll

HILFSMITTEL UND WERKZEUGE, DIE DU ZUR HAND HABEN SOLLTEST:

- Häkelnadel (zum Durchziehen von Fäden)
- Maßband
- Schere
- Stecknadeln
- Unterlage, z. B. Styropor- oder Korkblock, Stoffbrett mit Schraubzwinge
- evtl. Sicherheitsnadel
- evtl. Sticknadel (zum Einziehen des Labels)
- Kraftkleber, z. B. UHU

So geht's

Perlen

Für die Geheimschrift (siehe Klappe im Buch) brauchst du Perlen in sechs verschiedenen Farben. Du kannst alle Arten von Perlen einknüpfen: lackierte und unlackierte Holzperlen, Rocailles, Glasschliffperlen, Knöpfe, Plastik- und Glasperlen, Olivenperlen, selbstgemachte Perlen aus Ton, Papier oder FIMO®. Du kannst auch verschiedene Perlenarten miteinander kombinieren, z. B. kannst du einen Anfangsbuchstaben mit einer größeren Perle, einem Knopf oder einer ungewöhnlich geformten Perle beginnen. Manchmal ist es schwierig, Perlen in einer Qualität in den sechs Farben des Alphabets zu bekommen. Ersetze dann eine Farbe durch eine ähnliche, wie ich es in diesem Buch auch gemacht habe:

rot: rosa, weinrot, hellrot, pink, bordeaux, bronze, rotbraun, lachs, apricot
gelb: gold, orange, cognac, maisgelb, zitronengelb, goldgelb
grün: tannengrün, grasgrün, minzgrün
blau: lila, flieder, aubergine, violett
schwarz: mittel- und dunkelbraun, terrakotta, brazil
weiß: champagner, elfenbein, silber, perlmutt, creme, grau

Tipp: Aus deinen Lieblingsfarben kannst du auch deine eigene, ganz individuelle Geheimschrift selbst erfinden.

Schnüre

Als Schnüre kannst du alles nehmen, was nicht leicht ausfranst, z. B. mercerisierte (veredelte) Baumwolle, Perlgarn, Mattstickgarn, Leder- und Alcantaraband, Samtfaden, Bast, Papierschnur, Viskosekordel etc.
Besonders toll sieht es aus, wenn du die Farbe der Schnüre den Perlenfarben anpasst. Dazu die Perlen für die Schrift aussuchen und danach die Bänder passend auswählen. Probiere vor dem Knüpfen auf jeden Fall aus, ob die Schnur durch die Perlen passt.

Knüpfen

Das Knüpfen fällt leichter und die Bänder werden schön gleichmäßig, wenn du die Fäden zum Arbeiten feststeckst. Dazu befestigst du sie mit Stecknadeln auf einem leeren Stoffbrett (erhältlich in Stoffläden; darauf sind die Stoffe aufgewickelt) oder einem Styropor- oder Korkblock. Die Unterlage kannst du mit Schraubzwingen am Tisch befestigen. Willst du unterwegs knüpfen, so klemmst du das Band zwischen beide Knie, befestigst es mit einer Sicherheitsnadel auf Kniehöhe an deiner Hose (Achtung: nur an stabilen Hosen wie Jeans) oder hängst nach dem Schutzknoten einen Bandrest ein und knotest dieses Band an eine Stuhllehne, Schublade o. Ä. So kann sich das Band allerdings leicht verdrehen. Treue-, Freundschafts- und Gute-Laune-Knoten sind problemlos und lassen sich auch so arbeiten. Dankeknoten jedoch sind so schwer zu fertigen.
In den Anleitungen ist oftmals von Knüpf- und Leitschnüren die Rede. Leitschnüre werden immer straff gespannt gehalten und mit den Knüpfschnüren knüpft man um sie herum.

Label

Die Bänder sehen von vorne und hinten gleichermaßen hübsch aus, jedoch kannst du, wenn du das Band verkehrt herum hältst, die Geheimschrift nicht mehr lesen. Damit du weißt, wo der Anfang und die Vorderseite deines Bandes ist, kannst du es mit einem Label versehen. Ich habe dazu ein 15 cm langes, rotes Stück Perlgarn genommen und mit der Sticknadel links (wenn du das Band senkrecht hältst) neben oder oberhalb der Anfangsperle eingezogen. Dann beide Garnenden mit Klebstoff bestreichen, eine Spitze formen, eine weiße Rocaille, ø 2,6 mm, auffädeln und mit einem Knoten sichern. Erfinde dein eigenes Label! So wird jedes von dir geknüpfte Band ein unverwechselbares Unikat.

Zauberknoten

Schutzknoten

Es handelt sich um den einfachen, herkömmlichen Knoten. Indem du ihn in ein Band knüpfst, wünschst du der Person, für die du das Band knüpfst, Schutz vor allem Bösen. Kombinierst du ihn mit dem Verwünschungsknoten, schützt er dich vor dessen negativer Energie.

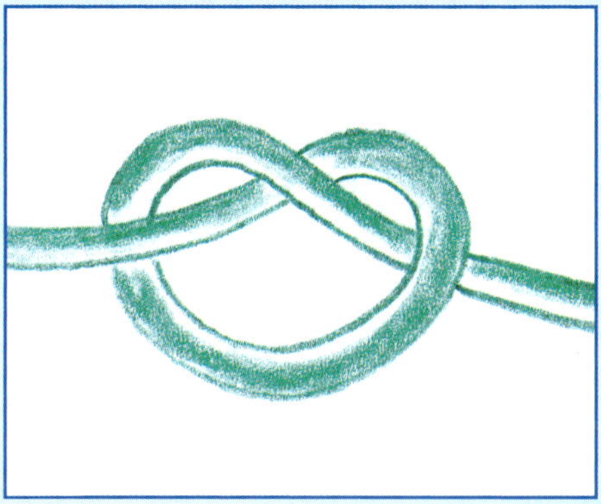

Mutknoten

Der Mutknoten macht Mut vor und in allen brenzligen Situationen: z. B. Klassenarbeiten, Zahnarztterminen, unangenehmen Aussprachen ...

Den Knoten mit zwei Schnüren knüpfen. Die rechte, hier rote Schnur als Leitschnur spannen und die linke, hier blaue Schnur als Knüpfschnur darauf legen. Hinter der Leitschnur durchziehen (= ½ Knoten). Die blaue Knüpfschnur jetzt als Leitschnur spannen und die rote Schnur als Knüpfschnur auf die Leitschnur legen. Hinter der Leitschnur durchziehen (Schritt 1 + 2 = 1 Knoten). Wichtig: Beim Anziehen des Knotens die Leitschnur stets fest spannen.

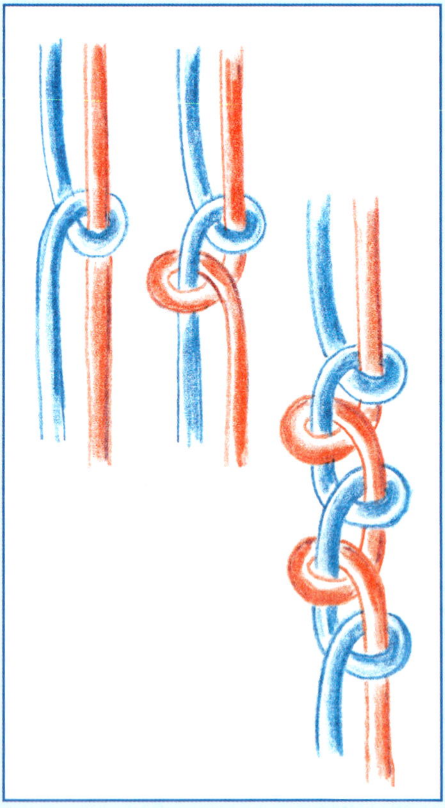

Gute-Laune-Knoten

Gute Laune macht das Leben leichter. Wenn deine beste Freundin mal schlecht drauf ist, überrasche sie einfach mit dem Gute-Laune-Knoten. Bestimmt wird dann ein Lächeln ihr Gesicht erhellen.

Der Gute-Laune-Knoten wird wie der erste Teil des Freundschaftsknotens gelegt, jedoch wird im Fortgang die Schlinge immer von der gleichen Seite geformt, d. h. sämtliche Schlingen entweder von rechts oder von links. Der Gute-Laune-Knoten dreht sich nach ca. vier bis fünf Knoten spiralförmig. Drehen lassen und immer wieder von der gleichen Seite weiterknüpfen. Wichtig ist, dass du die Leitschnüre immer gespannt hältst.

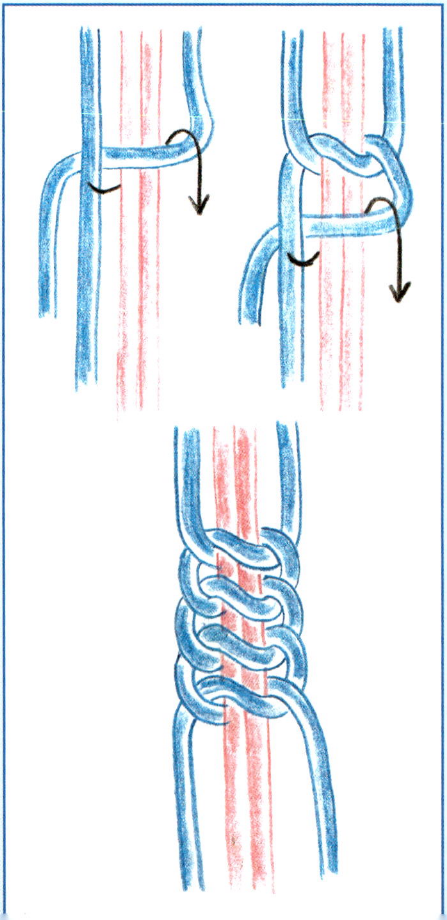

Freundschaftsknoten

„Ein Freund, ein guter Freund, das ist das Schönste was es gibt auf der Welt", wussten schon unsere Urgroßeltern. Zeig deine Freundschaft und Verbundenheit mit dem Freundschaftsknoten!

Er besteht aus mindestens einer bis beliebig vielen Leitschnüren und zwei Knüpfschnüren, auf jeder Seite eine (die Knüpfschnüre können natürlich auch doppelt oder mehrfach genommen werden).

Die rechte Schnur in einem Bogen waagerecht über die Leitschnüre, die linke Schnur senkrecht darüber legen und die linke Schnur hinter den Leitschnüren nach rechts durch die Öse führen.
Der zweite Teil des Knotens wird gegengleich ausgeführt: Eine Schlinge von links und eine von rechts ergibt einen weiteren Knoten. Gezählt wird an den Bögchen, die sich am Rand bilden (1 Bögchen = 1 Knoten).

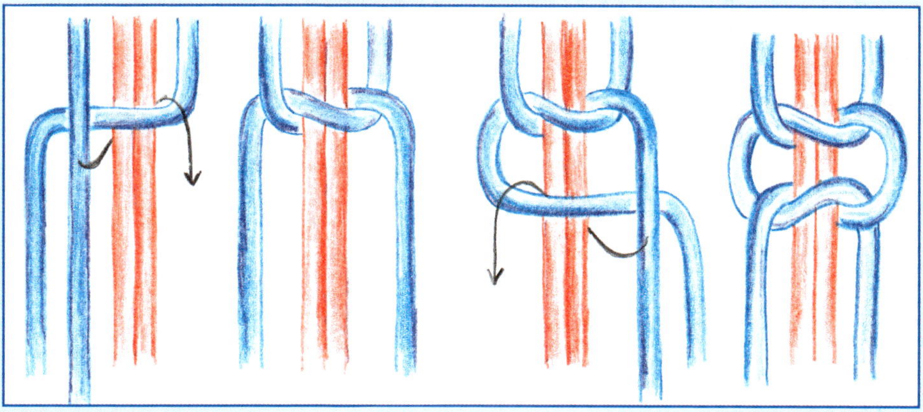

Der Freundschaftsknoten kann auch mit wechselnden Leit- und Knüpfbändern geknüpft werden. Dazu nach jedem Knoten (oder nach jedem zweiten, dritten etc. ganz nach Belieben) die bisherigen Knüpffäden als Leitfäden in die Mitte nehmen, spannen und mit den bisherigen Leitfäden als Knüpffäden über sie knüpfen.

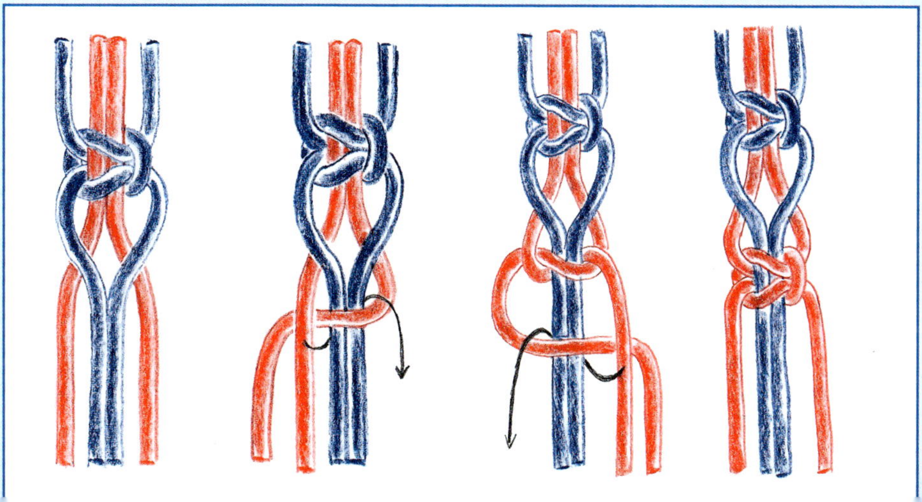

Liebesknoten

Heimlich verliebt? Knüpf den Liebesknoten und schenk ihn deinem Schwarm. Wetten, dass er verzaubert sein wird? Der Liebesknoten wirkt aber natürlich auch, wenn ihr schon ein Paar seid.

Der Liebesknoten entsteht aus dem Freundschaftsknoten, wie auch die Liebe oft aus Freundschaft entsteht. Knüpfe vier bis sieben Freundschaftsknoten. Dann die Leitschnüre nach oben legen und vor dem ersten Freundschaftsknoten evtl. mit einer Häckelnadel hinter den Knüpfschnüren nach außen ziehen. Es entsteht eine Kugel. Zur Befestigung direkt darunter einen weiteren Freundschaftsknoten knüpfen.

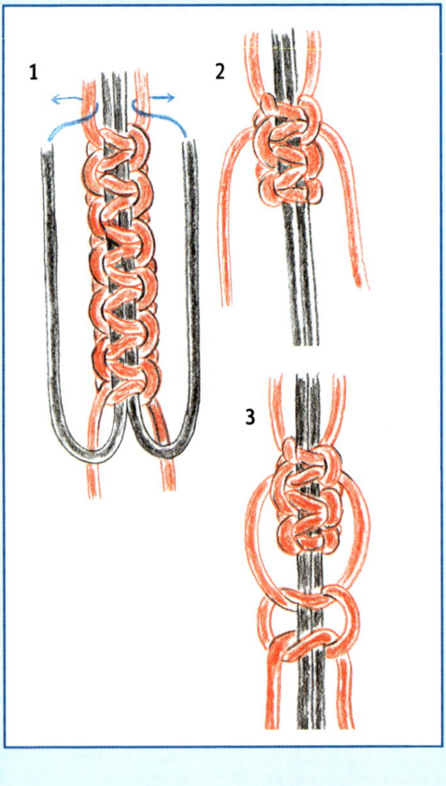

Treueknoten

Der Treueknoten schwört Treue. Du kannst ihn für deine beste Freundin oder deinen besten Freund knüpfen, für deine große Schwester, die gerade frisch verliebt ist, oder auch für Mama und Papa.

Über eine oder mehrere Leitschnüre entweder mit der rechten oder linken Schnur als Knüpfschnur eine Schlinge legen und hinter der Leitschnur durchziehen. Mit der gleichen Knüpfschnur eine Schlinge unter die Leitschnur legen und über der Leitschnur durchziehen. Die Knüpfschnur hängt immer auf die gleiche Seite. Wichtig: Die Leitschnüre müssen immer straff gespannt sein, sonst liegt der Treueknoten nicht schön.

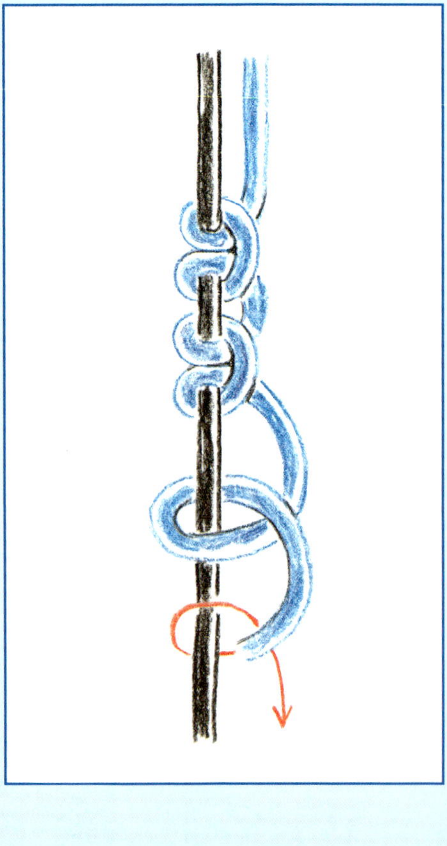

Verwünschungsknoten

Der ungerechte Lehrer, die eingebildete Pute aus dem Sportverein, der arrogante Schnösel von nebenan – es gibt Menschen, die man einfach nicht ausstehen kann. Abhilfe schafft hier der Verwünschungsknoten. Knüpfe ihn, denke dabei fest an dein „Opfer", schenke ihm das Band womöglich und künftig wirst du mit einem Lächeln über ihn hinwegsehen können.

Der Verwünschungsknoten besteht aus zwei Leit- und zwei Knüpfschnüren. Er beginnt und endet jeweils mit einem Freundschaftsknoten (vielleicht wird aus Abneigung ja doch noch Freundschaft, wer weiß?).

Dazwischen werden zwischen drei und neun Flechtknoten wechselnder Breite ausgeführt. Hierzu die Leitschnüre zusammen mit den Knüpfschnüren in die Breite ziehen. Nach dem mittleren Knoten die Leitschnüre wieder zur Mitte ziehen, so dass der Knoten sich verengt.

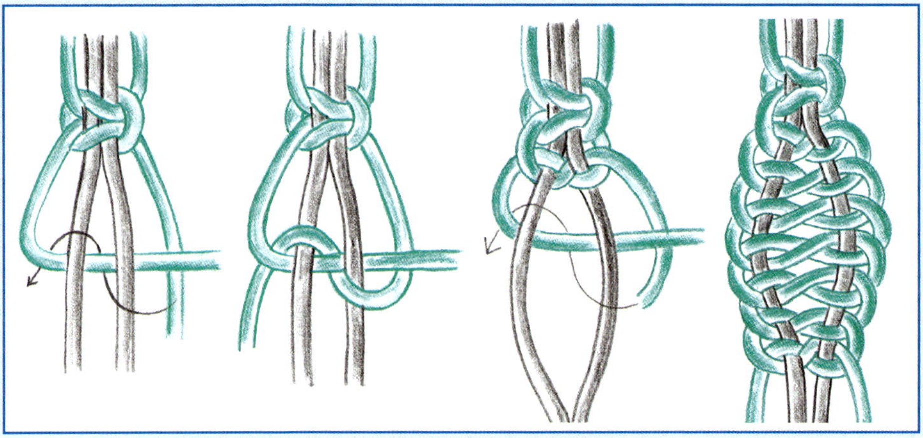

Energiekordel

Fühlst du dich müde und lustlos? Knüpfe die Energiekordel und genieße ihre anregende Wirkung. Toll ist diese Kordel auch als Geschenk für Freunde, die keinen Bock auf gar nichts haben, oder für vierbeinige Freunde, z. B. als Führstrick für das Pflegepony oder als Hundeleine.

Lege vier Schnüre parallel, führe die äußere linke Schnur hinter den beiden mittleren entlang und ziehe sie wieder über eine Schnur zurück. Von rechts genauso verfahren und immer abwechselnd mit der äußeren rechten bzw. der äußeren linken Schnur fortfahren.

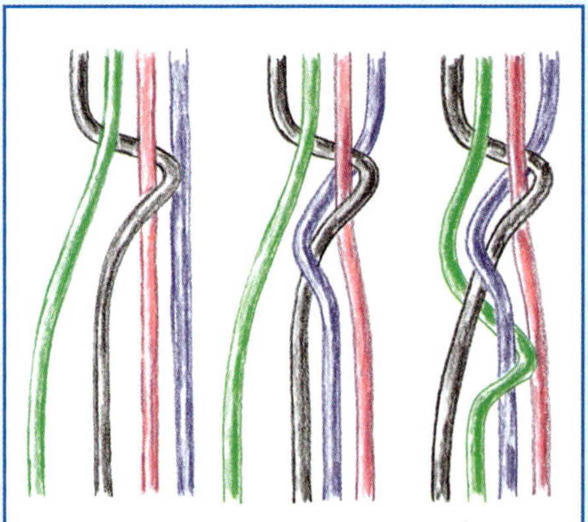

Dankeknoten

Es gibt viele Gelegenheiten, zu denen man danke sagen möchte. Besonders gut kommen Bänder mit dem hübschen Dankeknoten an. Sieht kniffelig aus, ist aber mit ein bisschen Übung ganz einfach.

Ein Dankeknoten besteht aus zwei Schlingen. Drei oder mehr Fäden parallel legen, einen äußeren Faden waagrecht nach rechts bzw. links legen, als Leitfaden spannen und mit den danebenliegenden Fäden jeweils zwei Schlingen darüber knüpfen. Beim Arbeiten immer den Knoten mit dem Finger zum vorhergehenden Knoten „rollen".

Der Dankeknoten kann auch mit je einem Leitfaden von rechts und einem von links geknüpft werden, siehe Zeichnung unten. Wird der Leitfaden genau waagrecht gelegt, wird die Knotenreihe leicht schräg. Wird der Leitfaden etwas nach oben gelegt, wird die Knotenreihe genau waagrecht. Für das Zickzackmuster einen äußeren Faden von einer

Waagrechte Dankeknoten

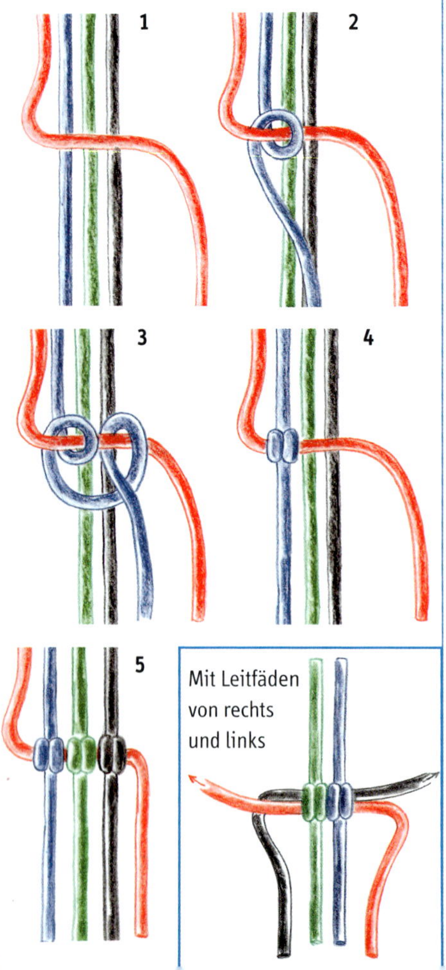

Schräge Dankeknoten

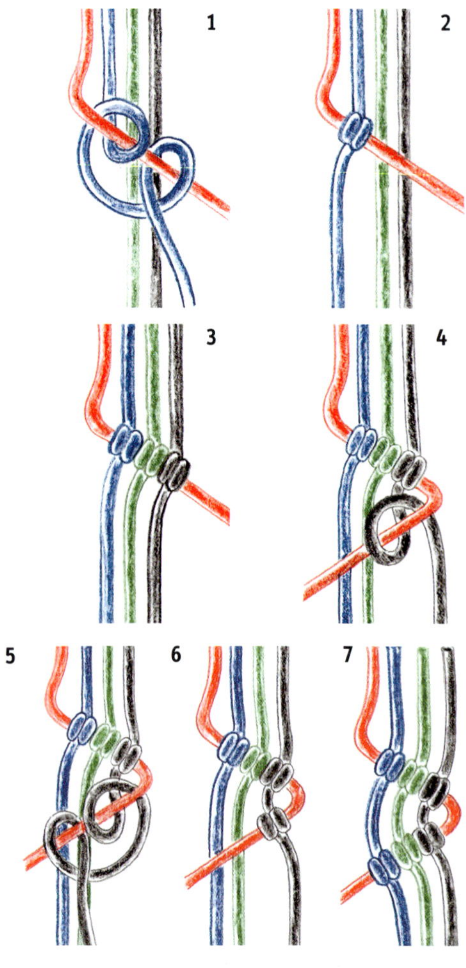

Seite zur anderen halten und mit den anderen Fäden jeweils zweimal umschlingen. Dann den Leitfaden zur anderen Seite spannen und wieder je zweimal umschlingen. Wichtig: Der Leitfaden muss immer straff gespannt bleiben.

Glücksknoten:

Glück kann man nie genug haben. Mit dem Glücksknoten kannst du reichlich Glück verschenken.

Wie mit dem Glück im richtigen Leben musst du auch mit dem Glücksknoten etwas Geduld haben. Er wird aus nur einer Schnur geknüpft und ist, wenn einmal die erste Hürde überwunden ist und die drei ersten Schlingen nicht mehr aus der Hand rutschen, gar nicht so schwer zu arbeiten.
Ein Fadenende hängen lassen und mit dem anderen Ende drei gleichmäßige Schlingen legen (1). Anfangs- und Endfaden hängen jetzt parallel nebeneinander senkrecht nach unten. Jetzt Anfang und Ende nach oben zwischen die beiden Schlingen auf der linken Seite legen, dabei nicht straff spannen, sondern am Knick noch eine kleine Schlinge lassen, durch die dann später die letzte Schlinge gezogen wird (2).
Jetzt die linke Schlinge über Anfangs- und Endschnur zwischen die beiden rechten Schlingen legen (3). Dann die mittlere Schlinge nach unten über die waagrecht gelegte Schlinge und die rechte Schlinge legen (4). Abschließend die rechte Schlinge durch die kleine Schlinge von Anfangs- und Endschnur ziehen (5).
Achtung: Bei diesem Knoten ist es wichtig, dass keine Schnüre verdreht liegen und alle drei Schlingen nahezu gleich groß sind.
Wenn alle Schnüre sauber nebeneinander liegen, den Knoten umdrehen und den ersten Teil wiederholen, nur dass Anfangs- und Endschnur nun bereits als Schlinge liegen (6-10). Den Knoten nicht allzu fest anziehen und die Schnüre parallel legen.

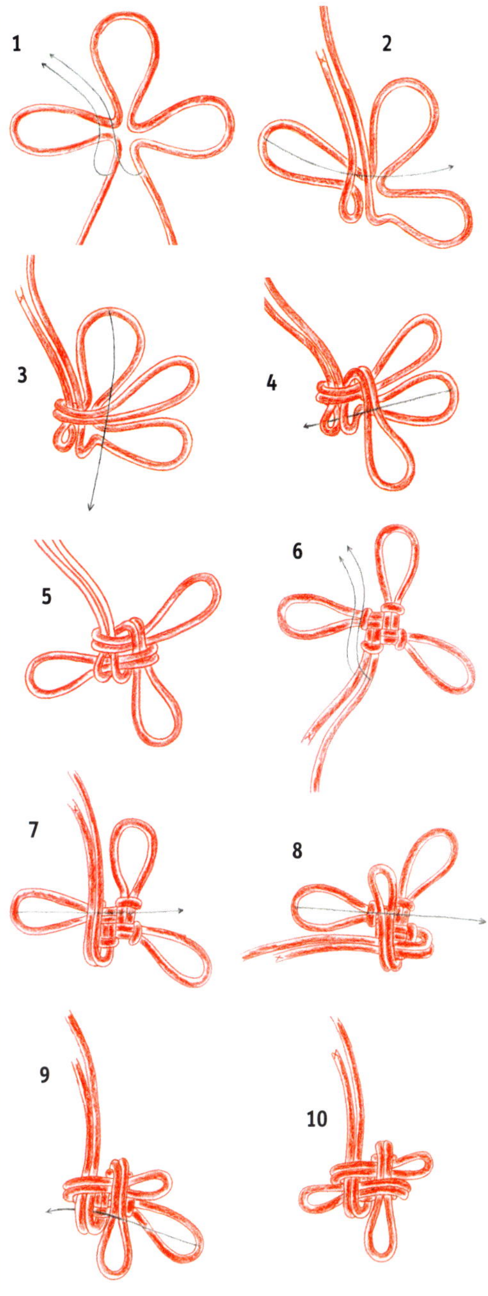

Erfolgsknoten

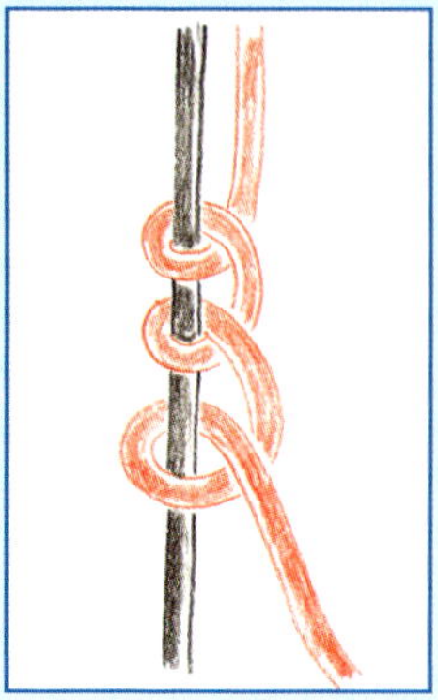

Dieser Knoten wünscht Erfolg in allen Lebenslagen: in Mathe und Deutsch, im Ballett und beim Reiten, beim Gitarrespielen und Flöten, und, und, und.

Für den Erfolgsknoten benötigst du zwei Schnüre. Eine Schnur als Leitschnur spannen, die andere Schnur als Knüpfschnur auf die Leitschnur legen und hinter der Leitschnur durch wieder auf der Seite, auf der begonnen wurde, über die Knüpfschnur ziehen.
Der Erfolgsknoten kann entweder nach rechts oder nach links gelegt werden, je nachdem auf welcher Seite die Knüpfschnur hängt. Nach mehreren Knoten dreht er sich in einer Knotenspirale.

Entschuldigungsknoten

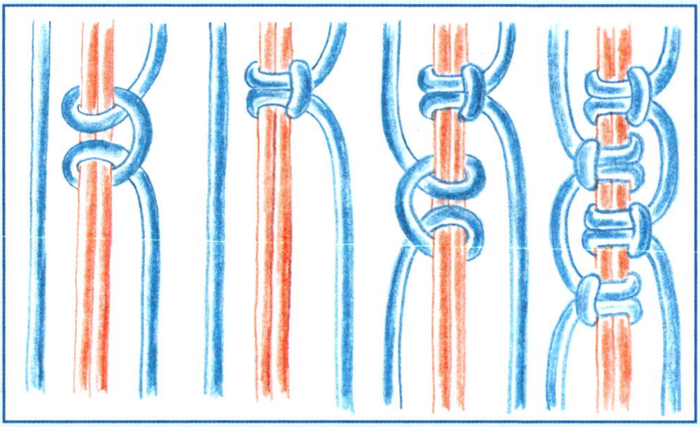

Oftmals möchte man Entschuldigung sagen und weiß nicht so recht, wie. Eine besonders schöne Art: Einfach ein Band mit dem Entschuldigungsknoten knüpfen und verschenken. Verzeihung garantiert.
Der Entschuldigungsknoten geht so ähnlich wie der Treueknoten: Über eine oder mehrere Leitschnüre die rechte Knüpfschnur legen und hinter der Leitschnur durchziehen; dann die Knüpfschnur unter die Leitschnur legen und darüber ziehen. Die Knüpfschnur hängt nach rechts. Dann die linke Knüpfschnur über die Leitschnur legen und dahinter durchziehen. Die gleiche Schnur nun unter die Leitschnur legen und darüber ziehen. Wichtig ist, die Schnüre gleichmäßig anzuziehen, so dass zwischen den einzelnen Knoten gleichmäßige Bögen entstehen.

Zuneigungsknoten

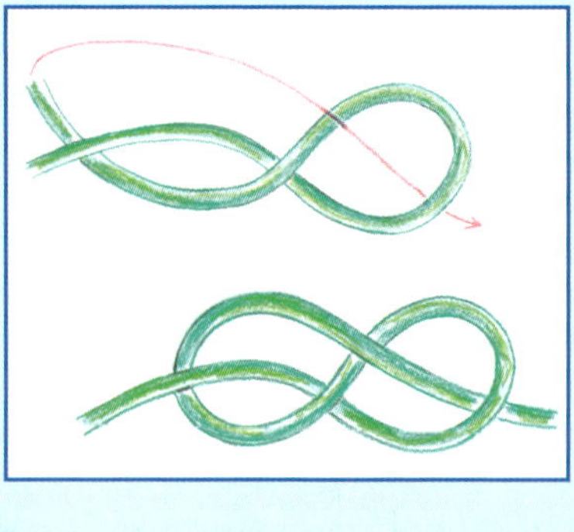

Da gibt es jemanden, den du echt gern hast. Ihm das einfach so zu sagen, ist oft schwer. Viel einfacher geht es mit dem Zuneigungsknoten, der lustig verschlungen aussieht wie eine Brezel.
Die Schnur zu einer Schlinge legen und einmal verdrehen. Das Schnurende durch die Schlinge ziehen. Wenn der Knoten mit mehreren Schnüren gearbeitet wird, musst du darauf achten, dass die Schnüre stets parallel liegen.

Tipps und Tricks

▸ Ziehe die Knoten nicht zu fest an, sondern schiebe sie nur mit dem Finger an den vorhergehenden Knoten. Das gilt vor allem bei Danke-, Erfolgs-, Mut-, Entschuldigungs- und Treueknoten.

▸ Nahezu jedes Armband kannst du auch als Fußband arbeiten, dazu nur das Anfangs- und Endteil entsprechend länger knüpfen oder eine längere Botschaft aus Perlen einknüpfen.

▸ Um Perlen leichter auffädeln zu können, bestreichst du das Fadenende mit Klebstoff und formst es zu einer Spitze. Werden zwei Schnüre gleichzeitig durch eine Perle gefädelt, musst du beide Fäden einstreichen und zu einer Spitze verdrehen.

▸ Sind die Perlen trotz Klebstoff schwer aufzufädeln, da sie nur eine kleine Öffnung haben, können die meisten mit einem kleinen Handbohrer oder einer alten Schere noch etwas aufgebohrt werden. Aber Vorsicht, lass dir dabei besser von einem Erwachsenen helfen.

▸ Beim Auffädeln der Perlen die Perle immer drehen.

▸ Werden die Knüpffäden zu kurz, kannst du sie als Leitfäden in die Mitte des Knotens legen und mit den langen Fäden weiterknüpfen. Der Fadenwechsel sollte jedoch immer bei einem Knotenwechsel erfolgen, dann sieht man ihn nicht. Sehr gut geht der Wechsel auch beim Liebesknoten.

▸ Die Bänder und Anhänger in diesem Buch sind nur Vorschläge. Wenn dir eine Farbzusammenstellung oder ein Material besonders gut gefällt, arbeite das Band einfach mit den Knoten, die du für deine Zwecke brauchst. Freundschafts- und Gute-Laune-Knoten oder Treue- und Freundschaftsknoten beispielsweise können beliebig ausgetauscht werden.

▸ Das Anfangsband kannst du je nach Armdurchmesser verlängern oder kürzen. Mit dem Ende kannst du auch einen zu kurzen Anfang wieder ausgleichen, die beiden Seiten müssen nicht gleich lang sein. Reizvoll kann es auch aussehen, wenn sich der Verschluss seitlich befindet.

▸ Wenn du Wert auf farbliche Abstimmung legst, solltest du zuerst die Perlen aussuchen und danach die Farbe des Bandes bestimmen. Perlen in den gewünschten Farben sind oftmals schwieriger erhältlich als Bänder.

▸ Ein tolles, gleichmäßiges Muster entsteht beispielsweise, wenn du einfach mehrmals die Anfangsbuchstaben von Vor- und Nachnamen, die so genannten Initialen, wiederholst.

▸ Die meisten Armbänder kannst du auch zum Schlüsselanhänger umfunktionieren. Dazu einfach ohne Anfangs- und Endteil knüpfen. Es reicht meistens, wenn du die Hälfte der Fäden verwendest und diese gemittelt am Schlüsselring einhängst.

Hinweis: Damit du nachvollziehen kannst, was auf den Beispielbändern steht, findest du auf jeder Seite die schematische Darstellung der Geheimschrift, und zwar in der Reihenfolge, in der du die Perlen auffädeln musst.

Liebe macht Laune

→ Armbänder für Dustin und Denise

LÄNGE
ca. 32 cm

MATERIAL

DUSTIN (BLAU)
- Samtfaden in Blau, ø 2 mm, 4 x 1 m lang
- Holzperlen, ø 4 mm

DENISE (GELB)
- Häkelgarn in Gelb, 4 x 1 m lang
- Holzperlen, ø 4 mm

1 Die vier Fäden parallel legen und an einem Ende mit einem Schutzknoten zusammenfassen.

2 Aus zwei Knüpf- über zwei Leitschnüren 5 cm sehr feste Gute-Laune-Knoten knüpfen. Die nächsten 5 cm die Knoten locker knüpfen. So wird das Spiralband erst enger, dann weiter.

3 Einen Liebesknoten arbeiten. Auf die beiden Knüpffäden jeweils eine Perle ziehen.

4 Fünf Gute-Laune-Knoten knüpfen und wieder auf die Knüpffäden je eine Perle aufziehen. Das Muster wiederholen, bis alle Perlen eingeknüpft sind.

5 Wieder 5 cm lockere Gute-Laune-Knoten und weitere 5 cm sehr feste Knoten fertigen. Mit einem Schutzknoten enden. Je nach Länge des Namens können Anfang und Ende mit Gute-Laune-Knoten verkürzt oder verlängert werden.

Tipp: Tausche während des Knüpfens einmal die Leit- und Knüpffäden miteinander aus, so dass du mit den langen Fäden weiterknüpfst.

Tipp: Liebe macht gute Laune! Schenke deinem Schwarm so ein hübsches Band und er wird sich freuen.

Armbänder im Ethnolook

→ Energie und Erfolg

LÄNGE
ca. 32 cm

MATERIAL ARMBAND (RECHTS)
- je 1 Alcantaraband in Cognac, Rot, Blau und Terrakotta, 3 mm breit, 65 cm lang
- Holzperlen, ø 4 mm

ARMBAND (LINKS)
- je 1 Alcantaraband in Cognac, Rosa, Hellblau und Grau, 3 mm breit, 65 cm lang
- Holzperlen, ø 6 mm

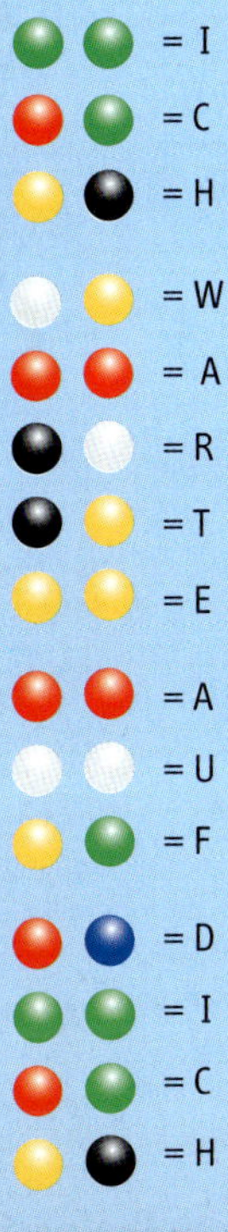

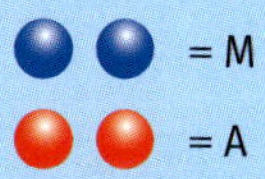

Armband (ich warte auf dich)

1 Alle vier Bänder mit einem Schutzknoten zusammenfassen und ca. 12,5 cm Energiekordel flechten. Mit einem Band einen Erfolgsknoten über die restlichen drei Bänder knüpfen.

2 Alle vier Bänder parallel nebeneinander legen und die Perlen aufziehen. Dabei ist es ratsam, die Bandenden spitz zuzuschneiden und die Perlen beim Aufziehen zu drehen. Die Abstände zwischen den einzelnen Buchstaben bzw. Perlen ungleich verteilen.

3 Einen weiteren Erfolgsknoten knüpfen und weitere 12,5 cm Energiekordel flechten. Mit einem Schutzknoten abschließen.

Tipp: Bei diesem Band ist es sehr wichtig, dass du es beim Flechten nicht aus der Hand legst; sonst lösen sich die Einzelfäden und du musst wieder von vorne beginnen. Auch musst du darauf achten, dass sich die Einzelbänder während des Flechtens nicht verdrehen.

Armband M. A.

Dieses Armband wird wie das andere geknüpft, jedoch auf das hellblaue Band zwei Perlen und auf das rosa Band zwei Perlen aufziehen. Die beiden übrigen Bänder dabei in der Mitte spannen.

Erfolg, Treue und Freundschaft

→ für den Lieblingsverein

LÄNGE
ca. 28 cm

MATERIAL
ARMBAND (RECHTS)

- Perlgarn in Rot und Weiß, je 2 x 60 cm lang
- Rocailles, ø 2,6 mm

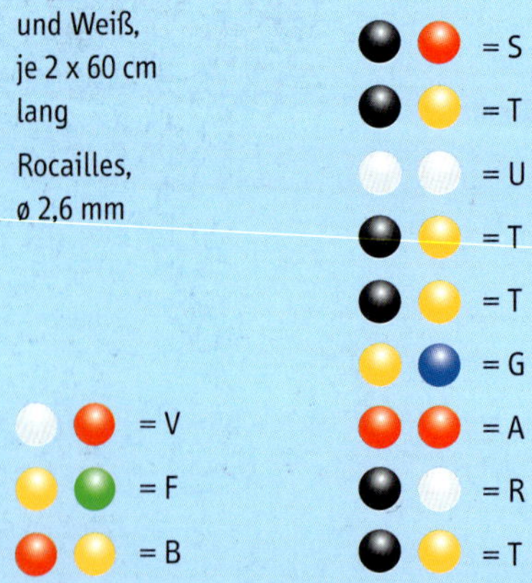

LÄNGE
ca. 32 cm

ARMBAND (LINKS)

- Perlgarn in Rot, 5 x 70 cm, und Schwarz, 2 x 1 m lang
- Holzperlen, ø 4 mm

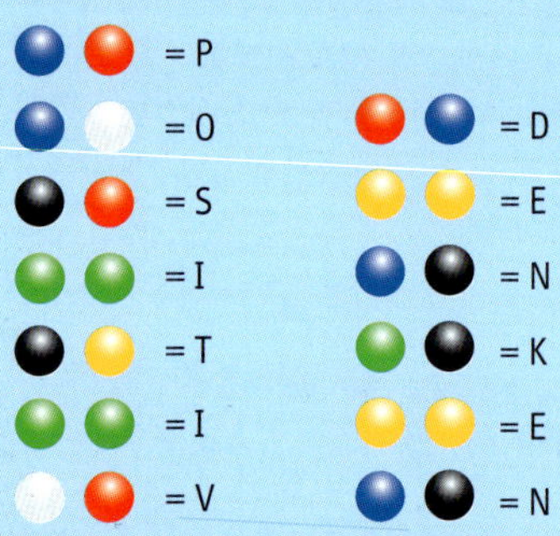

Armband (VFB Stuttgart)

1 Alle Fäden mit einem Schutzknoten verbinden. 7 cm flechten (die beiden roten Fäden zusammennehmen) und einen Freundschaftsknoten knüpfen.

2 Mit den roten Fäden als Knüpf- über einen weißen Leitfaden von außen je drei Treueknoten fertigen. Einen Freundschaftsknoten knüpfen, auf die beiden weißen Fäden die beiden ersten Perlen ziehen, weiter immer im Wechsel einen roten Freundschaftsknoten fertigen und zwei Perlen aufziehen, mit einem Freundschaftsknoten das erste Wort schließen.

3 Mit den weißen Fäden als Knüpf- über je einen roten Leitfaden drei Treueknoten von innen knüpfen, beide Stränge mit einem Freundschaftsknoten verbinden. Auf die beiden weißen Fäden die Perlen für das zweite Wort ziehen. Es folgen drei weiße Treueknoten, ein Freundschaftsknoten, drei rote Treueknoten und ein Freundschaftsknoten.

4 Wieder 7 cm flechten und mit einem Schutzknoten enden.

Armband (Positiv denken)

1 Mit einem Schutzknoten beginnen und 9 cm flechten.

2 Einen Liebesknoten aus zwei roten Knüpf- über fünf Leitfäden fertigen. Auf einen roten mittleren Faden zwei Perlen ziehen und beidseitig daneben je einen Strang aus vier roten und vier schwarzen Erfolgsknoten im Wechsel über einen roten Leitfaden fertigen; d.h., den Leitfaden spannen und mit dem äußeren schwarzen Faden einen Erfolgsknoten über den roten Leitfaden, dann einen roten Erfolgsknoten über den gleichen Leitfaden, wieder einen schwarzen Knoten etc. knüpfen.

3 Alle drei Stränge mit einem Freundschaftsknoten aus einem Leitfaden (= der mittlere Faden, auf den die Perlen gefädelt werden) und je einem danebenliegenden roten Faden zusammenfassen. Das Muster so lange wiederholen, bis das erste Wort aufgefädelt ist. Mit einem Freundschaftsknoten enden.

4 Darunter mit je einem schwarzen Knüpf- über alle Fäden als Leitfäden einen weiteren Freundschaftsknoten arbeiten. Das Muster für das zweite Wort komplett wiederholen,

5 Zuletzt wieder 9 cm flechten und mit einem Schutzknoten das Band beenden.

Ein dickes Dankeschön

→ Armband (danke, Katrin) und Anhänger (thanks)

LÄNGE
ca. 30 cm

MATERIAL ARMBAND

- Perlgarn in Orange und Braun, je 4 x 1 m lang
- Holzperlen, ø 4 mm

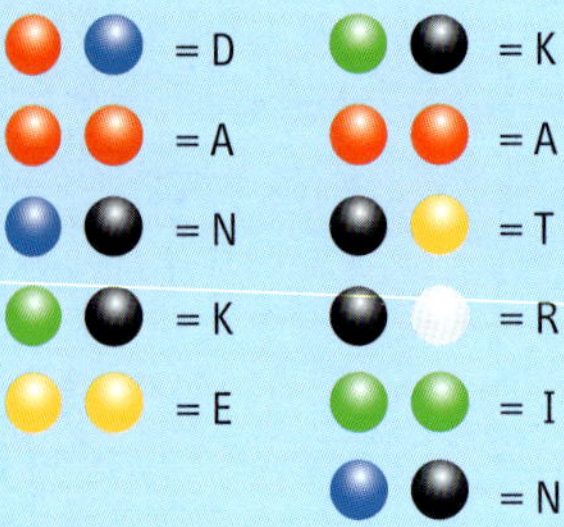

LÄNGE
ca. 13 cm

ANHÄNGER

- Perlgarn in Gelb und Orange, je 2 x 1 m lang
- Holzperlen, ø 4 mm
- Schlüsselring, ø 2,5 cm

Armband

1 Alle acht Fäden mit einem Schutzknoten verbinden und 8 cm Energiekordel flechten.

2 Einen Schutzknoten knüpfen. Mit einem Freundschaftsknoten aus 2 x zwei Knüpf- über vier Leitfäden beginnen.

3 Die beiden mittleren Fäden durch die ersten beiden Perlen ziehen. Beidseitig davon jeweils aus zwei Knüpf- über einen Leitfaden vier Freundschaftsknoten der gleichen Farbe knüpfen.

4 Dann den rechten äußeren Faden nach links und den linken äußeren Faden nach rechts legen. Über diese beiden Fäden als Leitfäden vier Dankeknoten knüpfen (siehe Zeichnung, Seite 8). Die beiden Leitfäden – einen von rechts, einen von links – spannen und die zweite Reihe gegengleich direkt darunter knüpfen. Nun liegen wieder rechts vier gleiche und links vier gleiche Fäden. Das Dankeknoten-Freundschaftsknotenmuster wiederholen, bis das erste Wort aufgefädelt ist.

5 Einen Freundschaftsknoten aus 2 x zwei Knüpffäden über vier Leitfäden fertigen.

6 Die Perlen für das zweite Wort wie die Perlen für das erste Wort einarbeiten, einen Freundschaftsknoten aus 2 x zwei Knüpffäden über vier Leitfäden knüpfen und mit Energiekordel und Schutzknoten enden.

Schlüsselanhänger

1 Alle Fäden mitteln, durch den Ring ziehen und mit einem Weberknoten aus 2 x zwei Knüpf- über vier Leitfäden am Ring anknoten.

2 Das Muster wie beim Armband ab dem Freundschaftsknoten

2 Das Muster wie beim Armband ab dem Freundschaftsknoten arbeiten, jedoch nur eine Reihe Dankeknoten zwischen die einzelnen Buchstaben knüpfen. Das ist etwas schwieriger zu arbeiten, da der Leitfaden der Dankeknotenreihe auf der „falschen" Seite liegt, d.h., er wird in der zweiten Reihe nicht mehr an seine Ausgangsposition zurückgeführt. Diesen Faden daher als Leitfaden für die Freundschaftsknoten mitführen und bei der nächsten Dankereihe wieder als Leitfaden an seine Ausgangsposition zurückführen.

3 Mit einem Freundschaftsknoten mit 2 x zwei Knüpffäden über vier Leitfäden abschließen und die Fadenenden nach ca. 5 cm abschneiden.

Tipp: Das Armband und der Anhänger sind ein tolles Geschenk, um danke zu sagen und die Freundschaft zu bekräftigen.

Hübsche Schlüsselanhänger

→ mit Initialen oder Autonummer

LÄNGE
ca. 10 cm

MATERIAL
- Papierschnur in Orange oder Natur, ø 2 mm, 3 x 80 cm lang
- Holzperlen, ø 4 mm und 6 mm
- Holzlinsen, ø 1,4 cm
- Schlüsselring, ø 2,5 cm, mit Karabiner, 2,5 cm oder 3,5 cm lang

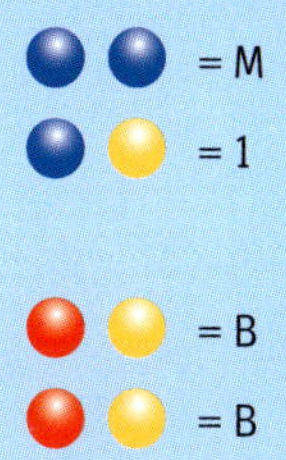

1 Die drei Schnüre durch die Öse am Karabiner ziehen, mitteln und mit zehn Gute-Laune-Knoten aus zwei Knüpf- über vier Leitschnüren beginnen.

2 Alle Schnüre durch die Holzlinse und die beiden mittleren Schnüre durch eine Perle, ø 6 mm, ziehen. Aus den rechten drei Schnüren (zwei Knüpfschnüre über eine Leitschnur) zehn Gute-Laune-Knoten fertigen, dabei immer mit der rechten Schnur beginnen. Mit den linken drei Schnüren ebenfalls zehn Knoten, links beginnend, knüpfen.

3 Beide Knüpfstränge gleich drehen und die beiden mittleren Fäden wieder durch eine Perle, ø 6 mm, und anschließend alle Schnüre durch die Holzlinse ziehen.

4 Nochmals zehn Gute-Laune-Knoten knüpfen. Direkt am letzten Knoten die Knüpfschnüre mit Schutzknoten versehen. Die kleinen Perlen aufziehen und ebenfalls mit Schutzknoten sichern.

Achtung: Die Papierschnur kann abfärben, wenn sie nass wird.

Tipp: Die Anhänger sind z. B. ein tolles Geschenk für deinen Papa. Über die eingearbeitete Autonummer (mit den kleinen Perlen am unteren Ende kannst du sie beliebig verlängern) wird er sich besonders freuen.

Verwünschungsarmbänder

→ mit Initialen von Leuten, die nerven

LÄNGE
ca. 32 cm

MATERIAL
- Häkelgarn in Gelb oder Schwarz, 4 x 1 m lang
- Holzperlen, ø 4 mm

 = D

 = H

 = E

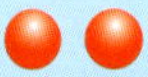 = A

1 Die vier Fäden parallel legen und an einem Ende mit einem Schutzknoten zusammenfassen.

2 Ca. 11 cm Energiekordel flechten und nochmals einen Schutzknoten knüpfen. Einen Freundschaftsknoten mit zwei Knüpf- über zwei Leitfäden knüpfen.

3 Auf die beiden Knüpffäden die Perlen aufziehen. Es folgen fünf Gute-Laune-Knoten, dann zwei weitere Perlen auffädeln.

4 Jetzt einen Verwünschungsknoten aus einem Freundschafts-, fünf Flecht- und einem Freundschaftsknoten knüpfen. Wie in Schritt 3 fortfahren, nochmals einen Verwünschungsknoten und Schritt 3 wiederholen und einen Freundschaftsknoten fertigen.

5 Mit 11 cm Energiekordel und einem Schutzknoten enden.

Tipp: **Diese Verwünschungsbänder kannst du dem schenken, der dich nervt, vorausgesetzt, er versteht Spaß. Du kannst die Bänder aber auch selbst tragen. Die Energiekordel und der Gute-Laune-Knoten bewirken, dass du fortan keine unguten Gefühle mehr in der Nähe des „Nervers“ empfinden wirst.**

LYCHEE
JUICEDRINK
BOISSON AUX
LYCHEES

Lederbänder

→ drücken Zuneigung aus

LÄNGE
ca. 35 cm

MATERIAL ARMBAND SCHWARZ-GELB (G)

- Lederriemen in Gelb und Schwarz, ø 2 mm, je 75 cm lang
- Holzperlen, ø 8 mm

= G

LÄNGE
ca. 30 cm

ARMBAND ROSA-WEINROT (B)

- Lederriemen in Rosa und Weinrot, ø 2 mm, je 75 cm lang
- Holzperlen, ø 8 mm

= B

1 Beide Riemen mit einem Schutzknoten verbinden.

2 Die Riemen über eine Länge von 8 cm spannen und aus beiden Riemen einen Zuneigungsknoten legen. Achtung: Hier ist es sehr wichtig, dass sich kein Riemen verdreht und der Knoten sauber liegt.

3 Auf jeden Riemen eine Perle auffädeln und einen weiteren Zuneigungsknoten legen. So fortfahren, bis alle Perlen aufgefädelt sind. Mit einem Zuneigungsknoten enden.

4 Die Riemen wieder über eine Länge von 8 cm spannen und einen Schutzknoten legen.

Tipp: Besonders hübsch sieht es aus, wenn wie hier die Perlen für den Anfangsbuchstaben eines Namen wiederholt werden. Dadurch wird das Band nicht so bunt und wirkt edler. Das kommt vor allem bei Jungs gut an.

Danke und gute Laune

→ tolle Bänder für liebe Freunde

Band mit Swarovski®-Perlen

1 Alle sechs Fäden mit einem Schutzknoten zusammenfassen und 13 cm flechten. Mit einem Faden alle Fäden umschlingen.

2 *Den rechten Faden als Leitfaden leicht schräg nach links legen und darüber fünf Dankeknoten knüpfen. Auf den rechten Faden die erste Perle ziehen und diesen Faden als Leitfaden für die nächste Reihe Dankeknoten verwenden. Wieder auf den rechten Faden eine Perle ziehen und ab * einmal wiederholen.

3 Die fünfte Reihe Dankeknoten ausführen. Dabei die linken Knoten dicht an die letzte Reihe anschließen. Sieben Gute-Laune-Knoten aus zwei Knüpf- über vier Leitfäden knüpfen.

4 Die Schritte 2 und 3 noch einmal komplett und einmal ohne Gute-Laune-Knoten wiederholen. Achtung: Das ganze Band wird von rechts nach links geknüpft.

5 Flechten und mit einem Schutzknoten abschließen.

Band mit Glasperlen

Das Band wird wie das andere Band geknüpft, jedoch nach den Gute-Laune-Knoten den Leitfaden von links nach rechts legen (fünf Reihen) und die Perlen auf die linken Fäden ziehen. Das letzte Muster wie beim anderen Band wieder von rechts nach links knüpfen.

Tipp: Diese Bänder sind auch toll als Halsketten. Damit sie lang genug werden, musst du 1,30 m lange Fäden nehmen und am Anfang und Ende ein längeres Stück flechten.

LÄNGE
ca. 40 cm

MATERIAL BAND MIT SWAROVSKI®-PERLEN

- Baumwolle mit Farbverlauf in Gelb-Grün-Rot-Blau, 6 x 80 cm lang
- Swarovski®-Kristall-Schliffperle, ø 6 mm

BAND GLASPERLEN

- Baumwolle mit Farbverlauf in Blau-Violett-Grün, 6 x 80 cm lang
- Glasperlen, ø 6 mm

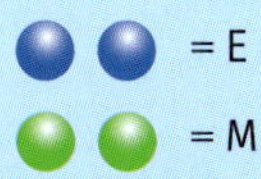

Ein Dankeschön

→ und gute Laune für die Freundin

LÄNGE
ca. 35 cm

MATERIAL

- Perlgarn in Gelb und Weinrot, je 4 x 80 cm lang
- Swarovski®-Kristall-Schliffperlen, ø 4 mm

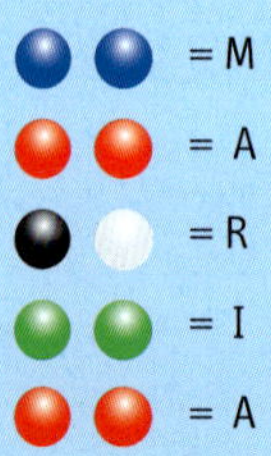

1 Die acht Bänder parallel nebeneinander legen und mit einem Schutzknoten verbinden.

2 Die vier gelben Bänder und die vier roten Bänder jeweils miteinander verdrehen, beide Stränge zu einer lockeren Kordel zusammendrehen und wieder mit einem Schutzknoten sichern.

3 Mit je vier Schnüren (zwei Knüpf- über zwei Leitschnüren) gleicher Farbe über 3 cm Länge Gute-Laune-Knoten knüpfen und beide Stränge mit einem Freundschaftsknoten aus zwei Knüpf- über sechs Leitfäden verbinden.

4 Die gelben Schnüre nach links legen. Dann über die vier roten Bänder als Leitschnüre von rechts nach links mit den gelben Fäden leicht schräg vier Dankeknoten knüpfen. Durch den äußeren rechten gelben und den dritten gelben Faden von rechts je eine Perle aufziehen, dazu das Fadenende mit Klebstoff bestreichen, zu einer Spitze formen und die Perle mit Drehbewegungen auffädeln. Die gleichen roten Leitfäden leicht schräg nach rechts legen und wieder vier gelbe Dankeknoten darüber knüpfen, dabei in der Zackenspitze die Leitfäden als Ecke herausstehen lassen. So fortfahren, bis alle Perlen eingeknüpft sind. Mit einer Dankereihe abschließen.

5 Wieder alle acht Fäden mit einem Freundschaftsknoten verbinden, jeweils 3 cm Gute-Laune-Knoten, dann einen Schutzknoten knüpfen und eine Kordel drehen, die mit einem weiteren Schutzknoten gesichert wird.

Tipp: Sehr schön sieht dieses Band auch mit Holz- oder Kunststoffperlen aus. Du kannst die Kordel auch sehr stark miteinander verdrehen. Dazu jeweils erst die gelben und roten Bänder stark miteinander verdrehen, dann beide Stränge zu einer Kordel zusammendrehen.

Bänder in fröhlichen Farben

→ orange-blau (Manuel) und orange (gute Besserung)

LÄNGE
ca. 26 cm

MATERIAL ORANGE-BLAU

- Perlgarn in Orange und Blau, je 1 x 1,30 m und 2 x 50 cm lang
- Swarovski®-Kristall-Schliffperlen, ø 4 mm

LÄNGE
ca. 26 cm

ORANGE

- Perlgarn in Orange, 1 x 1,60 m und 5 x 70 cm lang
- Rocailles, ø 2,6 mm

Band in Orange-Blau

1 Alle sechs Fäden mit einem Schutzknoten zusammenfassen und über die kurzen Fäden mit je einem langen Faden ca. 35 Erfolgsknoten im Wechsel knüpfen; dazu die Leitfäden spannen und im Wechsel erst mit dem langen blauen Faden einen Knoten über alle Leitfäden, dann mit dem langen orangefarbenen Faden einen Knoten über alle Leitfäden knüpfen.

2 Mit dem rechten blauen Faden als Leitfaden eine Reihe Dankeknoten leicht schräg nach links knüpfen. Dicht darunter von rechts nach links zwei weitere Reihen arbeiten. Auf den rechten äußeren Faden die beiden ersten Perlen fädeln. Nun von links nach rechts drei Reihen Dankeknoten fertigen. Auf den linken Faden zwei Perlen ziehen. So – drei Reihen nach links, Perlen auffädeln, drei Reihen nach rechts, Perlen auffädeln – fortfahren, bis alle Perlen eingeknüpft sind und mit drei Reihen Dankeknoten enden.

3 Mit Erfolgsknoten im Wechsel wie zu Beginn und einem Schutzknoten das Band fertig stellen.

Band in Orange

1 Alle sechs Fäden mit einem Schutzknoten zusammenfassen und mit dem langen Faden über die restlichen fünf Fäden als Leitfäden über 12 cm Länge Erfolgsknoten knüpfen.

2 Mit dem linken Faden als Leitfaden schräg nach rechts fünf Dankeknoten arbeiten. Auf den rechten äußeren Faden (bisheriger Leitfaden) die beiden ersten Perlen fädeln. Wieder von links nach rechts Dankeknoten knüpfen und auf die Leitfäden zwei Perlen fädeln. So fortfahren, bis fünf Reihen Dankeknoten (eine Reihe mehr, als das erste Wort Buchstaben hat) geknüpft sind.

3 Dann mit dem gleichen Leitfaden weiterknüpfen und nun nach schräg links fünf Reihen Dankeknoten arbeiten. Jeweils auf den Leitfaden links zwei Perlen fädeln, bis die Perlen „BESS“ aufgefädelt sind.

4 Aus Symmetriegründen für das zweite Teil vom Wort („ERUNG“) wieder fünf Reihen von links nach rechts arbeiten. Mit zwei Perlen abschließen.

5 Mit dem längsten Faden über die restlichen fünf Fäden Erfolgsknoten knüpfen und abschließend einen Schutzknoten arbeiten.

Hübscher Hals- und Armschmuck

→ Halsband (ich danke dir) und Armband (du bist der Beste)

LÄNGE
ca. 50 cm

MATERIAL HALSBAND
- Perlgarn in Hellorange, 6 x 1,20 m lang
- Rocailles, ø 2,6 mm
- Sternperlen, ø 1 cm

LÄNGE
ca. 30 cm

ARMBAND
- Perlgarn in Orange, 5 x 70 cm und 1 x 1,50 m lang
- Rocailles, ø 2,6 mm

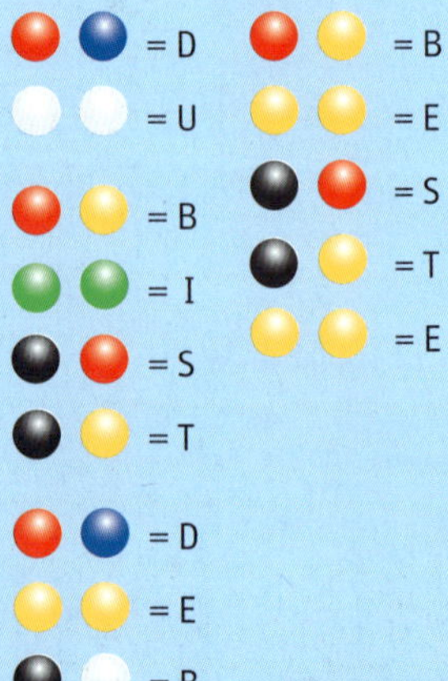

Halsband

1 Alle sechs Fäden mit einem Schutzknoten zusammenfassen und 15 cm flechten.

2 Einen Freundschaftsknoten aus zwei Knüpf- über vier Leitschnüre und zwei Stränge Gute-Laune-Knoten aus je drei Fäden über eine Länge von 2 cm knüpfen. Beide Stränge mit einem Freundschaftsknoten verbinden.

3 Den linken Faden als Leitfaden verwenden und leicht schräg nach rechts fünf Dankeknoten fertigen. Wieder mit dem linken Faden als Leitfaden dicht darunter eine zweite Reihe Dankeknoten knüpfen.

4 Eine Sternperle auf den zweiten Faden von links und eine Rocaille auf den rechten Leitfaden fädeln. Diesen Leitfaden leicht schräg nach links legen und wieder zwei Reihen Dankeknoten arbeiten. In den rechten und linken Faden je eine Rocaille fädeln. Nun wieder von links nach rechts zwei Reihen Dankeknoten knüpfen, Rocailles aufziehen und von rechts nach links zwei Reihen knüpfen.

5 Mit zwei Knüpffäden über vier Leitfäden fünf Gute-Laune-Knoten fertigen.

6 Von links nach rechts das nächste Wort mit zwei Reihen Dankeknoten, Sternperle und Rocaille beginnen. Wie das erste Wort arbeiten, wieder fünf Gute-Laune-Knoten fertigen und das dritte Wort ebenso arbeiten.

7 Mit einem Freundschaftsknoten, den beiden Gute-Laune-Strängen, Flechten und einem Schutzknoten, gegengleich wie in Schritt 1 und 2, abschließen.

Armband

1 Alle sechs Fäden nebeneinander legen, mit einem Schutzknoten verbinden und mit dem längsten Faden 8,5 cm Erfolgsknoten knüpfen.

2 Den linken Faden als Leitfaden leicht schräg nach rechts halten und fünf Dankeknoten knüpfen. Dicht darunter wieder jeweils mit dem linken Faden als Leitfaden zwei weitere Reihen arbeiten. Auf den linken Faden die beiden Perlen für den ersten Buchstaben aufziehen, aus den danebenliegenden fünf Fäden einen Freundschaftsknoten knüpfen (mit zwei Knüpf- über drei Leitfäden) und nun auf den rechten Faden die beiden Perlen für den nächsten Buchstaben aufziehen.

3 Um das erste Wort abzutrennen, wieder von links nach rechts drei Reihen Dankeknoten knüpfen.

WEITERFÜHRUNG

Hübscher Hals- und Armschmuck

4 Links zwei Perlen aufziehen, aus den rechten fünf Fäden einen Freundschaftsknoten knüpfen und wieder zwei Perlen auffädeln. Von links nach rechts eine Reihe Dankeknoten knüpfen.

5 Weitere Perlen wie zuvor beschrieben auffädeln (zwischen 2 x zwei Perlen einen Dankeknoten, zwischen 2 x zwei Buchstaben eine Reihe Dankeknoten, zwischen die Wörter drei Reihen Dankeknoten). Als Abschluss wieder drei Reihen Dankeknoten arbeiten.

6 Mit dem längsten Faden über die restlichen Fäden wie zu Beginn Erfolgsknoten knüpfen.

Freundschaft

→ **ausgedrückt durch farbenfrohe Bänder**

LÄNGE
ca. 26 cm

MATERIAL

- Mattstickgarn in Gelb und Grün oder Rot und Grün, je 2 x 1 m lang
- Indianerperlen, ø 4,5 mm

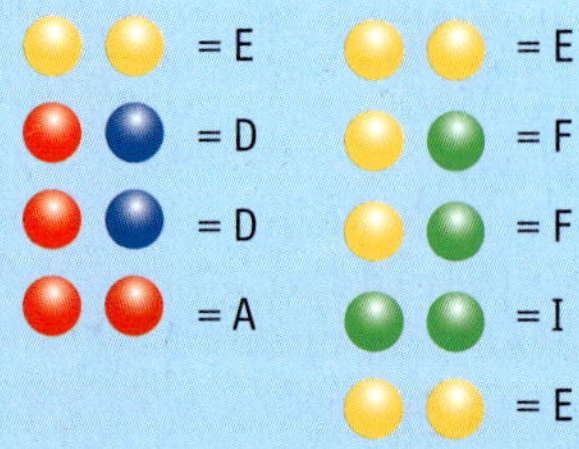

1 Alle vier Fäden mit einem Schutzknoten verbinden.

2 Über zwei gelbe (rote) Leitmit zwei grünen Knüpffäden einen Freundschaftsknoten knüpfen.

3 Dann die gelben (roten) Fäden nach oben führen und einen gelben (roten) Freundschaftsknoten über die grünen Leitfäden fertigen.

4 Die Knüpffäden wieder zur Mitte als Leitfäden legen und über sie mit zwei grünen Fäden einen Freundschaftsknoten knüpfen. 8 cm so immer im Wechsel mit grünen und gelben (roten) Knüpffäden weiterarbeiten.

5 Durch je einen gelben (roten) und grünen Faden eine Perle ziehen und mit einem grünen Freundschaftsknoten fixieren. Alle Perlen so einfädeln.

6 Das Band mit Freundschaftsknoten wechselnder Farbe wie am Anfang beenden.

Tipp: Die unterschiedlichen Muster entstehen, indem beim Band in Gelb-Grün immer die gelben Fäden nach oben, beim Band in Rot-Grün immer die Knüpffäden von oben zur Mitte als neue Leitfäden gelegt werden.

KEN.
L

Blau-weiß mit Glitzerperlen

→ Armband (Julia) und Fußband (Fabi und Dini)

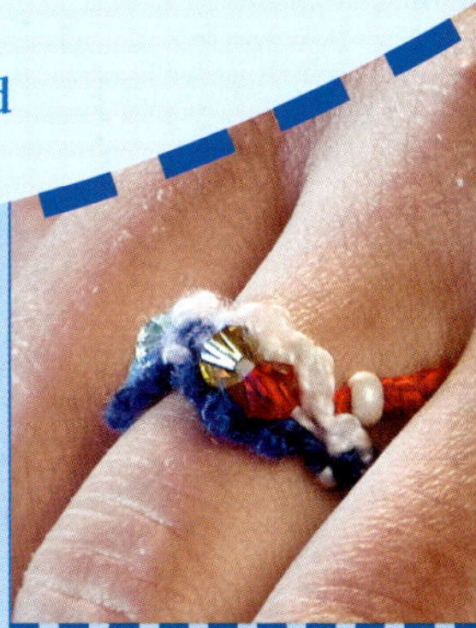

LÄNGE FUSSBAND
ca. 32 cm

MATERIAL FUSSBAND (FABI UND DINI)
- Perlgarn in Blau, 2 x 1,30 m, und Weiß, 1 x 40 cm und 2 x 80 cm lang
- Swarovski®-Kristall-Schliffperlen, ø 4 mm

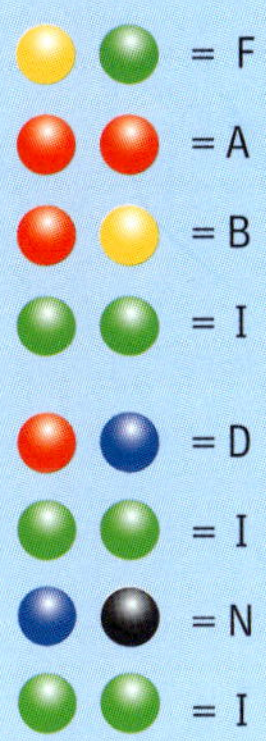

LÄNGE ARMBAND
ca. 15,5 cm

ARMBAND (JULIA)
- Perlgarn in Blau, 2 x 1 m, und Weiß, 1 x 30 cm und 2 x 60 cm lang
- Swarovski®-Kristall-Schliffperlen, ø 4 mm
- Verschluss in Silber, ø 3 mm

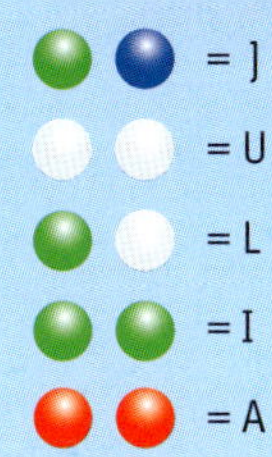

Armband (Julia)

1 Alle fünf Fäden parallel legen, einen Schutzknoten fertigen und diesen in den Verschluss kleben. Mit der Schere nochmals festdrücken und gut trocknen lassen.

2 Mit dem längsten blauen Faden über die anderen Fäden ca. 3 cm bis 4 cm Erfolgsknoten fertigen.

3 Mit zwei Fäden über die restlichen drei Fäden einen Freundschaftsknoten arbeiten. Die beiden ersten Perlen auf den kurzen weißen Faden ziehen. Beidseitig aus je zwei gleichfarbigen Fäden viereinhalb Mutknoten arbeiten. Alle drei Bänder mit einem Freundschaftsknoten verbinden. So fortfahren, bis alle Perlen eingeknüpft sind.

4 Mit dem längsten blauen Faden über die anderen Fäden weitere ca. 3 cm bis 4 cm Erfolgsknoten knüpfen, je nach Armdurchmesser.

5 Die Enden mit einem Schutzknoten zusammenbinden und in den Verschluss kleben.

Tipp: Passend zu den beiden Bändern kannst du auch einen tollen Ring mit Initialen arbeiten (siehe Foto oben).

Fußband (Fabi und Dini)

Das Fußband wird genauso geknüpft wie das Armband, jedoch werden in der Mitte zwischen den Namen aus zwei langen blauen Knüpffäden acht Gute-Laune-Knoten gearbeitet, um die Namen voneinander abzutrennen.

Farbenfrohe Armbänder

→ zum Entschuldigung-Sagen

LÄNGE
ca. 27 cm

MATERIAL ARMBAND (ELLE)

- Mattstickgarn in Orange und Grün, je 1 x 1,40 m und 2 x 50 cm lang
- Indianerperlen, ø 4,5 mm

LÄNGE
ca. 23 cm

ARMBAND (MARK)

- Mattstickgarn in Blau und Orange, je 1 x 1,30 m und 2 x 35 cm lang
- Indianerperlen, ø 4,5 mm

LÄNGE
ca. 26 cm

ARMBAND (ES TUT MIR LEID)

- Perlgarn in Blau und Gelb, je 1 x 1,40 m und 3 x (gelb) bzw. 2 x (blau) 40 cm lang
- Rocailles, ø 2,6 mm

Abb. von links nach rechts

Armband (Elle)

1 Das Armband „Elle" wird ähnlich wie das Armband „Mark" geknüpft. Am Anfang nach dem Schutzknoten 15 bis 18 Entschuldigungsknoten knüpfen.

2 Zwei Perlen auf je einen grünen und orangefarbenen kurzen Faden ziehen. Daneben einen grünen kurzen Faden spannen und drei Treueknoten knüpfen, dabei den neben den Perlen liegenden Faden als Knüpffaden verwenden (die Schlingen von innen legen). Mit den orangefarbenen Fäden ebenso knüpfen. Alle drei Bänder mit einem grünen Erfolgsknoten zusammenfassen. Das Muster so lange fortsetzen, bis alle Perlen eingeknüpft sind.

3 Mit 15 bis 18 Entschuldigungsknoten und einem Schutzknoten abschließen.

Armband (Mark)

1 Alle sechs Fäden mit einem Schutzknoten zusammenfassen und 13 bis 15 Entschuldigungsknoten von jeder Farbe über die vier mittleren (kurzen) Leitfäden knüpfen. Dabei die Leitfäden immer straff spannen.

2 Auf den orangefarbenen Knüpffaden die erste Perle fädeln, die Knoten fortführen und jedes Mal auf die Schlinge zwischen den orangefarbenen Knoten eine Perle fädeln.

3 Wie zu Beginn 13 bis 15 Entschuldigungsknoten knüpfen und mit einem Schutzknoten enden.

Armband (es tut mir leid)

1 Alle Fäden parallel legen und mit einem Schutzknoten zusammenfassen. Mit den zwei langen über die kurzen Fäden 8 cm Entschuldigungsknoten knüpfen.

2 Die Fäden wie folgt von links nach rechts anordnen: zwei kurze blaue – ein langer blauer – ein kurzer gelber (auf diesen werden die Perlen gefädelt) – ein langer gelber – zwei kurze gelbe Fäden.

3 Mit dem langen blauen Faden über die kurzen Fäden drei Treueknoten fertigen. Die Perlen für das erste Wort auffädeln und daneben einen Strang gelbe Treueknoten arbeiten.

Coole Anhänger

→ an Handy oder Schlüssel

WEITERFÜHRUNG

Farbenfrohe Armbänder

4 Mit den beiden langen Fäden über den Perlenstrang als Leitfaden einen Freundschaftsknoten knüpfen. Die Perlen für das nächste Wort aufziehen und daneben auf beiden Seiten Treueknoten knüpfen, so dass alle drei Stränge gleich lang sind. Wieder mit einem Freundschaftsknoten zusammenfassen. So fortfahren, bis alle Perlen aufgefädelt sind.

5 Mit 8 cm Entschuldigungsknoten und einem Schutzknoten enden.

LÄNGE
ca. 11 cm

MATERIAL ANHÄNGER IN BLAU
- mercerisiertes Baumwollgarn in Blau, 4 x 1 m lang
- Verbindungsstück, ø 2 mm, 2 cm lang
- Rocailles, ø 2,6 mm

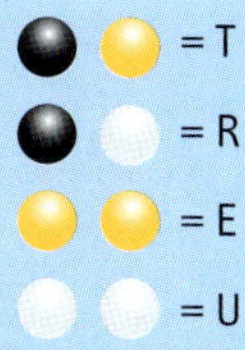

ANHÄNGER IN WEISS-BLAU-ROT
- mercerisiertes Baumwollgarn in Weiß, Blau und Rot, je 2 x 1,50 m lang
- Schlüsselring, ø 1,8 cm
- Rocailles, ø 2,6 mm

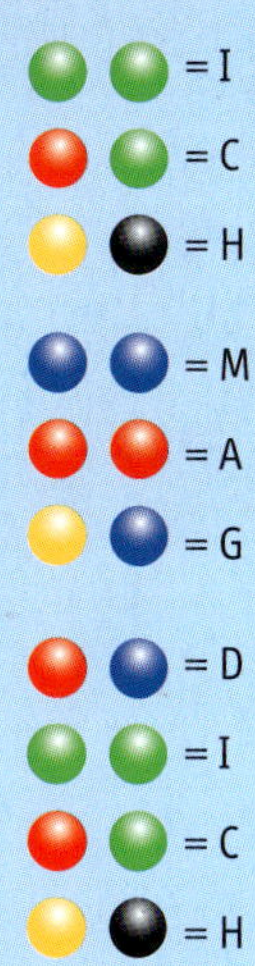

Anhänger in Blau

1 Alle vier Fäden durch die Öse am Verbindungsstück ziehen und mitteln. Aus je vier Fäden einen Schutzknoten und je einen Freundschaftsknoten darunter fertigen. Aus den mittleren vier Fäden einen weiteren Freundschaftsknoten knüpfen.

2 Mit den beiden äußeren Fäden je fünf Treueknoten fertigen, dabei ist immer der äußere Faden der Knüpf- und der innere Faden der Leitfaden.

3 *Mit den mittleren vier Fäden einen Freundschaftsknoten, dann aus je vier Fäden je zwei Freundschaftsknoten nebeneinander und aus den mittleren vier Fäden wieder einen Freundschaftsknoten knüpfen. Auf die beiden Knüpffäden die Perlen aufziehen und die beiden mittleren (Leit-) Fäden straff spannen. Ab * wiederholen und wie oben fortfahren, bis der Satz fertig aufgefädelt ist.

4 Mit zwei nebeneinanderliegenden Freundschaftsknoten enden und alle acht Fäden mit einem Schutzknoten zusammenfassen. Die Fadenenden nach ca. 5 cm abschneiden.

Anhänger in Weiß-Blau-Rot

1 Die Fäden mitteln und durch den Ring ziehen. Aus 2 x zwei blauen Knüpffäden einen Freundschaftsknoten arbeiten. Aus je vier Fäden zehn Gute-Laune-Knoten knüpfen.

2 Aus den mittleren acht Fäden zwei Freundschaftsknoten nebeneinander arbeiten. Drei Stränge mit je drei Freundschaftsknoten untereinander fertigen. Dabei bei den beiden äußeren Strängen die roten Fäden als Leitfäden verwenden. Die beiden mittleren weißen Fäden spannen und daneben auf je einen weißen und blauen Faden die Perlen für das erste Wort aufziehen.

3 Mit je einem blauen und roten Faden als Leit- und einem roten Faden als Knüpffaden beidseitig daneben einen Treueknotenstrang aus je drei Knoten arbeiten. Die beiden äußeren blauen Fäden jeweils gegeneinander legen und als Leitfäden für eine waagrechte Dankeknotenreihe verwenden. Dicht darunter eine zweite Reihe knüpfen. Die Perlen für das zweite Wort aufziehen und beidseitig wieder je drei Treueknoten fertigen.

4 Wieder zwei Reihen Dankeknoten, die Perlen für das dritte Wort auffädeln, wieder Treueknoten und darunter zwei Reihen Dankeknoten knüpfen.

Ein dickes und ein dünnes Band

→ **Fußband (Lilian) und Armband (E.M.)**

WEITER-
FÜHRUNG
Coole Anhänger

5 Drei Freundschaftsknotenstränge in der Mitte aus vier weißen Fäden und beidseitig daneben aus zwei roten Leit- und zwei blauen Knüpffäden fertigen. Aus den mittleren acht Fäden zwei Freundschaftsknoten nebeneinander und darunter drei Gute-Laune-Knoten-Stränge, je 1,8 cm lang, arbeiten.

6 Jeden Strang mit einem Schutzknoten sichern. Die Fäden nach ca. 3 cm abschneiden.

WONDA WAKANDA

LÄNGE
ca. 30 cm

MATERIAL ARMBAND
- Perlgarn in Gelb, Rot und Grün, je 1 x 60 cm lang
- Rocailles, ø 2,6 mm

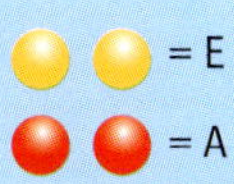

LÄNGE
ca. 34 cm

MATERIAL FUSSBAND
- Perlgarn in Orange, Grün und Gelb, je 3 x 1 m lang
- transparente Kunststoffperlen, ø 6 mm

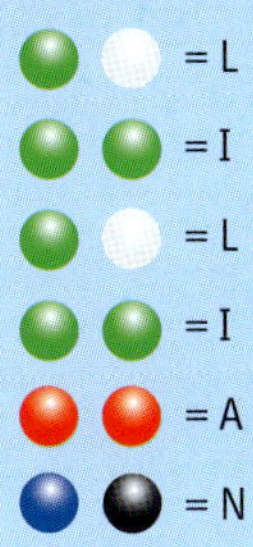

Armband

1 Alle drei Fäden mit einem Schutzknoten verbinden und 10 cm flechten.

2 Zwei Freundschaftsknoten über den roten Faden als Leitfaden knüpfen. Etwas Abstand lassen, den Leitfaden straff spannen und wieder zwei Freundschaftsknoten knüpfen. So fortfahren, bis insgesamt viermal zwei Freundschaftsknoten geknüpft sind.

3 Den Leitfaden nochmals spannen, so dass kleine Bögchen zwischen den Knoten entstehen. Auf den roten Faden zwei Perlen fädeln. Zwei Freundschaftsknoten fertigen, zwei Perlen aufziehen und gegengleich wie zu Beginn weiterknüpfen.

4 Zuletzt wieder ca. 10 cm flechten und mit einem Schutzknoten enden.

Fußband

1 Die neun Fäden mit einem Schutzknoten verbinden und 8 cm flechten (3 x drei gleichfarbige Bänder zusammennehmen).

2 Aus den drei orangefarbenen Fäden einen Erfolgsknoten (Fäden nach rechts hängen lassen) über die übrigen sechs Fäden knüpfen.

3 Alle drei orangefarbenen Fäden wieder nach rechts legen und über alle drei als Leitfäden eine Reihe Dankeknoten nach schräg links knüpfen, die restlichen Fäden wie folgt von rechts nach links anordnen: 3 x grün und 3 x gelb. Mit drei orangefarbenen und drei grünen Fäden, jeweils zusammengefasst, über drei gelbe Leitfäden einen Freundschaftsknoten fertigen.

4 Die gleichen orangefarbenen Leitfäden wieder verwenden und eine weitere Reihe Dankeknoten nach schräg rechts knüpfen. Auf den linken gelben Faden die ersten beiden Perlen auffädeln. Wieder mit den gleichen Leitfäden nach links weiterknüpfen. Das Muster wiederholen, bis alle Perlen eingeknüpft sind. Mit einer Reihe Dankeknoten nach rechts enden. Schritt 2 einmal wiederholen.

5 Die Fäden wie am Anfang flechten und mit einem Schutzknoten zusammenfassen.

Tipp: **Diese Bänder sehen auch toll aus, wenn du sie in nur zwei Farben knüpfst. Das Armband wirkt mit Swarovski®-Kristall-Schliffperlen besonders edel.**

Dank, Energie und Liebe

→ die besten Wünsche

LÄNGE
ca. 26 cm

MATERIAL (ROSA)

- Mattstickgarn in Rosa, 4 x 80 cm lang
- Holzperlen, ø 4 mm

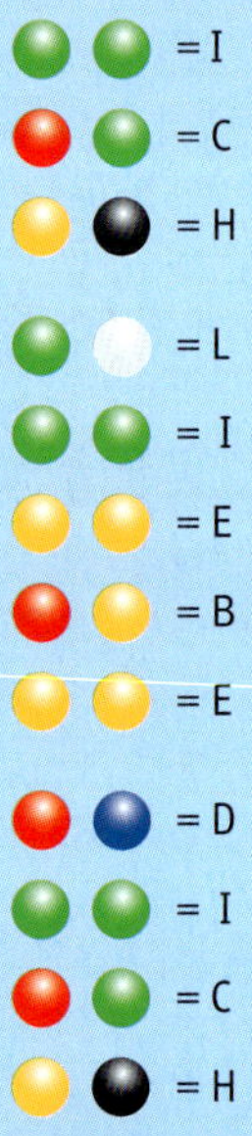

LÄNGE
ca. 31 cm

MATERIAL (BLAU)

- Mattstickgarn in Blau, 4 x 80 cm lang
- Holzperlen, ø 4 mm

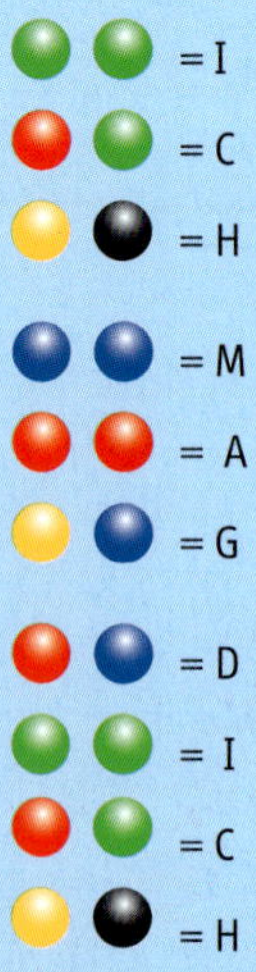

Band in Rosa

1 Alle vier Fäden parallel legen und mit einem Schutzknoten verbinden.

2 Mit dem linken Faden als Leitfaden schräg nach rechts drei Dankeknoten knüpfen. Den gleichen Leitfaden schräg nach links legen und wieder drei Knoten knüpfen. Das Muster dreieinhalbmal wiederholen.

3 Alle Fäden mit einem Freundschaftsknoten (zwei Knüpffäden über zwei Leitfäden) verbinden. Auf die beiden äußeren Fäden die Perlen des ersten Wortes fädeln, die beiden anderen Fäden in der Mitte spannen.

4 Einen Liebesknoten knüpfen.

5 Die Perlen des zweiten Wortes auffädeln und einen weiteren Liebesknoten arbeiten. Die Perlen des dritten Wortes auffädeln und einen Freundschaftsknoten knüpfen.

6 Das Muster mit den Dankeknoten vom Anfang wiederholen und mit einem Schutzknoten enden.

Band in Blau

Bei diesem Band an Anfang und Ende statt Dankeknoten Energiekordel flechten. Ansonsten das blaue Band wie das Band in Rosa arbeiten.

Tipp: Mit diesen Bändern kannst du deinem liebsten Menschen danken oder ihm viel Energie zukommen lassen.

Armband in Urlaubsfarben

→ ein Dankeschön an Freunde

LÄNGE
ca. 34 cm

MATERIAL
- Mattstickgarn in Gelb, Rot, Grün und Blau, je 2 x 1 m lang
- Holzperlen, ø 4 mm
- Glasperlen, ø 1,2 cm

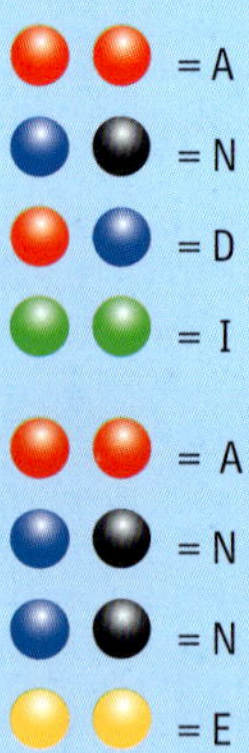

1 Alle Fäden mit einem Schutzknoten zusammenfassen und ca. 8 cm flechten (1 x zwei und 2 x drei Fäden zusammenfassen).

2 Aus je einem grünen und einem roten Knüpf- über je einem gelben und blauen Leitfaden sechs bzw. vier Freundschaftsknoten fertigen. Je zwei Perlen auf zwei Fäden ziehen.

3 Mit dem linken roten Faden als Leitfaden (unterhalb der vier Freundschaftsknoten beginnend) direkt unter den Perlen eine Reihe Dankeknoten in folgender Anordnung knüpfen: Den ersten Knoten mit Gelb beginnen, dann Blau, Grün, Rot, Gelb, Blau, Grün. Die zweite Reihe dicht darunter wieder von links nach rechts, diesmal über den gelben Leitfaden, die dritte Reihe über den blauen Leitfaden und die vierte Reihe über den grünen Leitfaden knüpfen. Nun mit dem gleichen grünen Leitfaden schräg nach links die vier Dankeknotenreihen wie zuvor wiederholen.

4 Auf den rechten Faden die erste Glasperle ziehen. Das Dankemuster noch zweieinhalbmal wiederholen und die vier Glasperlen wie abgebildet auffädeln. Die Perlen für den zweiten Namen aufziehen,

5 Abschließend wie am Anfang Freundschaftsknoten knüpfen, flechten und mit einem Schutzknoten enden.

Tipp: **Bei diesem dicken Band können nur Namen mit bis zu acht Buchstaben geschrieben werden. Bei längeren Namen musst du dir eine Abkürzung oder einen Kosenamen einfallen lassen.**

LÄNGE
ca. 10 cm
(mit Anhänger)

MATERIAL
- Viskosekordel in Blau oder Orange, ø 3 mm, 60 cm lang
- Holzperlen, ø 8 mm
- evtl. Haargummi

orangefarbener Glücksknoten
= P
= I
= E

Haargummi
= 7
= A
= I

blauer Glücksknoten
= C
= 6
= B

Glücksknoten

→ ein Dankeschön an Freunde

Abbildung auch auf Seite 1

1 Die Perlen auf die Kordel fädeln.

2 Den Glücksknoten knüpfen. Beim Legen der drei Schlingen jeweils zwei Perlen in die Schlinge schieben.

3 Für das Haarband das Gummi einfach an den zwei Kordelenden festknoten.

Tipp: Seid ihr drei Freunde? Dann knüpfe für jeden von euch einen Glücksknoten mit den Initialen eurer drei Namen. Hübsch ist auch die Kombination von Initialen und Glückszahlen.

IMPRESSUM

FOTOS: frechverlag GmbH, 70499 Stuttgart; Frank Bayh & Steff Rosenberger-Ochs, Stuttgart (S. 14, 17, 24/25, 26, 35, 38, 40, 46 und 47), Fotostudio Ullrich & Co., Renningen (übrige Fotos)
DRUCK: frechdruck GmbH, 70499 Stuttgart

Wir danken den Firmen Coats, Kenzingen, Rayher Hobby GmbH, Laupheim, und hobbygross Erler GmbH, Rohrbach, für die freundliche Unterstützung.

Auflage: 5. 4. 3. 2. 1.
Jahr: 2009 2008 2007 2006 2005 [Letzte Zahlen maßgebend]

ISBN 3-7724-3399-5
Best.-Nr. 3399